Bibliografische Information der Deutschen Nationalbibliothek:

Die Deutsche Bibliothek verzeichnet diese Publikation in der Deutschen National-
bibliografie; detaillierte bibliografische Daten sind im Internet über http://dnb.d-
nb.de/ abrufbar.

Impressum:

Copyright © 2006 GRIN Verlag, Open Publishing GmbH
Druck und Bindung: Books on Demand GmbH, Norderstedt Germany
ISBN: 9783640551293

Dieses Buch bei GRIN:

http://www.grin.com/de/e-book/143723/s-w-i-f-t-eine-strukturanalyse-des-interna-
tionaler-datennetzes-der-banken

Patrick Ladig

S.W.I.F.T. - Eine Strukturanalyse des internationalen Datennetzes der Banken

GRIN Verlag

GRIN - Your knowledge has value

Der GRIN Verlag publiziert seit 1998 wissenschaftliche Arbeiten von Studenten, Hochschullehrern und anderen Akademikern als eBook und gedrucktes Buch. Die Verlagswebsite www.grin.com ist die ideale Plattform zur Veröffentlichung von Hausarbeiten, Abschlussarbeiten, wissenschaftlichen Aufsätzen, Dissertationen und Fachbüchern.

Besuchen Sie uns im Internet:

http://www.grin.com/

http://www.facebook.com/grincom

http://www.twitter.com/grin_com

Patrick Ladig

S.W.I.F.T.

Eine Strukturanalyse des internationalen Datennetzes der Banken

Berlin 2006

Inhaltsverzeichnis

1 Vorbemerkungen

Mit der vorliegenden Arbeit wird das Ziel verfolgt, das S.W.I.F.T. Datennetz internationaler Banken im Hinblick auf dessen Entstehungszusammenhang, funktionale und technische Struktur, sowie dessen Rolle als Rückgrad der Weltwirtschaft einschließlich der damit verbundenen Chancen und Risiken einer eingehenden Analyse zu unterwerfen. Bedauerlicherweise gestaltete sich die Literaturrecherche schwieriger als erwartet. Publikationen zum Thema S.W.I.F.T. Netz sind recht wenig verbreitet. Zumindest Literatur neueren Datums war nicht zu erhalten, selbst die Ergebnisse einer Anfrage bei einem Mitarbeiter der Investitionsbank Berlin waren nicht sehr fruchtbar oder gehaltvoll. Daher kann die Bearbeitung des Themas nur auf recht betagte Literatur und elektronische Dokumente aus dem WWW gestützt werden.

2 Entstehung des Projektes

2.1 Ausgangssituation

Ausgangspunkt der Entwicklung des S.W.I.F.T. Projektes ist das Jahr 1968. Bis zu diesem Zeitpunkt und auch noch in den folgenden Jahren wurden für eines der wichtigsten Instrumente des internationalen Zahlungsverkehrs, die Überweisung, verschiedene aber insgesamt sehr ineffiziente Kommunikationstechniken zum Einsatz gebracht. Die Nachrichtenübermittlung erfolgte via Briefpost, Telegramm oder Fernschreiber.[1] Dies hatte natürlich lange Überweisungslaufzeiten und eine hohe Fehleranfälligkeit zur Folge. Der Zahlungsauftrag musste bei der Hausbank formularmäßig erfasst und dann auf einem der genannten Kommunikationswege zur Korrespondenzbank übermittelt werden. Im Rahmen dieses Vorganges war es notwendig, den Überweisungstext mehrfach zu übertragen und die entsprechenden Belege physisch zu transportieren. Für diese Prozesse mussten verständlicher-

---

[1] [Loh 1983] S.8

weise eigene Abteilungen innerhalb der Banken unterhalten werden. Dies
war angesichts der Tatsache, dass Zahlungsverkehrsgeschäfte für Banken
im Allgemeinen rentabilitätsmindernd wirken, ein ökonomisch kaum ver-
tretbarer Kostenfaktor. Im Zusammenhang mit der damaligen jährlichen
Wachtumsrate des internationalen Zahlungsverkehrsvolumens von 8% ließ
dies seitens der Banken das Bestreben nach einer wirtschaftlicheren und
weniger fehleranfälligen Lösung der beschriebenen Aufgaben entstehen.

2.2 Das S.W.I.F.T. Projekt

Die Lösung sollte in einem System gefunden werden, dessen Einführung
bzw. Realisierung folgende Auswirkungen haben sollte.[2]

- dramatische Kostensenkung im Bereich des internationalen Zahlungsverkehrs

- erhebliche Erhöhung der Geschwindigkeit, Sicherheit und drastische Fehlerreduzie-
  rung bei der Zahlungsverkehrsabwicklung

- deutlich zunehmende Spezialisierung, Standardisierung und Zentralisierung[3] im
  Bankbetrieb

- rationalisierungsbedingter Beschäftigungsabbau

- Entstehung vollkommen neuer Arbeitsplatztypen

Mit dem Ziel der Realisierung eines solchen internationalen Datennetzes
für den grenzüberschreitenden Zahlungsverkehr wurde am 03. Mai 1973
in Brüssel als Genossenschaft belgischen Rechts[4] die Society for Worldwide
Interbank Financial Telecommunication gegründet. Neben den organisa-
torischen und betriebswirtschaftlichen Belangen stand nach der Gründung
zunächst die Definition von Standards an erster Stelle der zu lösenden Aufgaben. Denn um überhaupt ein Funktionieren des S.W.I.F.T.-Systems zu

---

[2] [Schirenkrämer 987] S.15

[3] Auf die Zentralisierung und die damit einhergehenden Probleme wird nachfolgend
einzugehen sein.

[4] [Lch 1983] S. 18

ermöglichen, musste eine Standardisierung von Nachrichten- und Adress-
formaten erfolgen. Dieses Vorhaben sollte sich als eine der schwierigeren
Aufgaben der jungen Gesellschaft herausstellen. Der Grund dafür liegt in
der Tatsache, dass schon auf nationaler Ebene große Unterschiede in der
Organisation und Strukturierung unterschiedlicher Banken besteht. Das es
sich bei den beteiligten Banken sogar um international verschiedene Insti-
tute handelte, machte das Unterfangen nicht einfacher. Schließlich einig-
te man sich aber nach langen Verhandlungen und reichlich Kritik auf die
Standards. Nachdem der erwartete Termin für die Inbetriebnahme zum Ende des Jahres 1975 nicht eingehalten werden konnte, ging das System mit
einiger Verspätung im Juli 1977 online und mithin in Echtbetrieb.

3 Technischer Aufbau und Funktionsweise

3.1 Die S.W.I.F.T. Nachricht

Ein wichtiger Standard war und ist die Form einer S.W.I.F.T. Message. Diese stellt sich schematisch wie folgt dar.

Start of Message
Basic Header Block
Application Header Block
User Header Block
Start of Text
Content Block
End of Text
Trailer Block
End of Message

5

Der Header und der Trailer stellen den so genannten Envelope, also den Briefumschlag, dar, in dem die Nachricht des Content Blocks verschickt wird. Der Envelope enthält vornehmlich systemtechnische Steuerungsinformationen.[6] Darüber hinaus enthält der Header Block die acht- bis elfstellige Bestimmungsadresse der empfangenden Bank, den so genannten BIC oder SWIFT-Code, des Weiteren den Terminalcode des Senders, die fünfstellige Input-Sequence-Number (ISN)[7] und den dreistelligen Nachrichtentyp mit einem zweistelligen Prioritätscode.[8] Die Nachricht an sich ist eine Folge von Feldern. Es war notwendig einen Satz von Feldern zu entwickeln, der zu leisten im Stande ist mit möglichst wenig Feldern alle derzeitigen und zukünftigen Nachrichtenarten zu definieren. Letztlich wurden ca. 35 Nach-

---

[5] schematische Darstellung einer S.W.I.F.T.-Nachricht, Quellen: [Loh 1983] S. 45 und http://de.wikipedia.org/wiki/SWIFT in der Version SWIFTWikipedia.pdf vom 14.08.2006 17:07

[6] [Loh 1983] S.45

[7] siehe Abschnitt Sicherheitsvorkehrungen

[8] [Loh 1983] S.45

richtenfelder definiert, standardisiert und formatiert. Diese Felder wurden in die sechs folgenden Gruppen untergliedert.[9]

1. Sicherheitsfelder

2. Referenzfelder

3. Daten- und Wertfelder

4. Bank- und Kundenadressfelder

5. Buchungsfelder

6. Gruppe für zusätzliche Informationen und Instruktionen

Die Standardisierung der unterschiedlichen Nachrichtentypen führte zu einer Einteilung, die neun Kategorien von Nachrichten aufweist. Diese stellen sich wie folgt dar:[10]

1. Customer Payments/Transfers & Cheques; (End-)Kundenzahlungen:
   z.B. MT103 Kundenüberweisung

2. Financial Institution Transfer; Bank-an-Bank Zahlungen:
   z.B. MT200 Bankübertrag eigenes Konto

3. Foreign Exchange, Money Markets & Derivatives; Devisen-, Geldhandelsgeschäfte und Derivate:
   z.B. MT300 Bestätigung Devisengeschäft

4. Collections & Cash Letters; Dokumenten Inkasso

5. Securities Markets; Wertpapiertransaktionen

6. Precious Metals & Syndications; Edelmetallgeschäfte

7. Documentary Credits & Guarantees; Akkreditive und Garantien:
   z.B. MT700 Akkreditivausstellung

8. Travellers Cheques; Reisescheck-Transaktionen

---

[9][Loh 1983] S. 46

[10]http://de.wikipedia.org/wiki/SWIFT in der Version SWIFTWikipedia.pdf vom 14.08.2006 17:07

9. Cash-Management & Customer Status; Cashmanagement/Auszüge:
   z.B. MT940 Bank-an-Kunde Kontoauszug

In Abhängigkeit vom Typ der entsprechenden Nachricht sind bestimmte
Felder vorgeschrieben, andere sind optional verwendbar. Ein gewisser Teil
der Felder ist allerdings für bestimmte Nachrichtentypen unzulässig, so z.B.
der Zinssatz in Kundenüberweisungen. Zur Kennzeichnung der Währung
wurde der dreistellige Alpha-Code der ISO verwendet.

3.2 Die S.W.I.F.T. Adresse

Zur korrekten Steuerung der Nachrichten bekam jede teilnehmende Bank
eine Kurzidentifikation, die S.W.I.F.T. Adresse. Diese Adresse kann als eine Art internationale Bankleitzahl betrachtet werden. Sie besteht aus drei
Hauptkomponenten und einem wahlweise zu verwendenden Teil. Wie un-
ten ersichtlich gibt es 1. den vierstelligen Bank-Code (Kurzbezeichnung
des Teilnehmers), 2. den zweistelligen Länder-Code (Kurzbezeichnung des
Landes), 3. den zweistelligen Bereichs-Code (Kurzbezeichnung für den An-
schlusspunkt und/oder Unterscheidungsmöglichkeit für mehrere Filialen
innerhalb eines Landes) und 4. die ersten drei Ziffern der entsprechenden
Filiale eines Teilnehmerinstitutes oder sogar einer bestimmten Abteilung.[11]

---

[11] [Lon 1983] S.50

BBBBCCLLbbb	
BBBB	4-stelliger Bankcode, vom Geldinstitut frei wählbar (nur Alphazeichen)
CC	2-stelliger Ländercode nach ISO 3166-1 (nur Alphazeichen)
LL	2-stellige Codierung des Ortes (alphanumerische Zeichen; zweites Zeichen = 1: passiver SWIFT-Teilnehmer)
bbb	3-stellige Kennzeichnung der Filiale oder Abteilung (optional, Standard: "XXX", kann weggelassen werden, andere Kennzeichen nicht) (alphanumerische Zeichen)

Quelle: http://de.wikipedia.org/wiki/SWIFT in der Version SWIFTWikipedia.pdf vom

14.08.2006 17:07, S.2

3.3   Technischer und struktureller Aufbau

Wie Swift funktioniert
Zahlungsverkehr mit dem Ausland

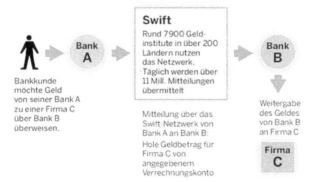

Funktionsweise S.W.I.F.T. Netz, Quelle: Handelsblatt

http://www.handelsblatt.com/news/default.aspx?_p=200050&_t=ft&_b=1105973

Obige Abbildung zeigt die prinzipielle Funktion des S.W.I.F.T. Netzes und die Anzahl der Teilnehmer insgesamt. Wie ersichtlich fungiert das S.W.I.F.T. Netz als eine Art Puffer zwischen den Banken. Wie dies im einzelnen vor sich geht und zu welchem Zweck dieses Design gewählt wurde, ist Gegenstand des folgenden Abschnittes.

3.3.1 Das Leitungsnetz

Die dem S.W.I.F.T. Netz zugrunde liegende Struktur ist ein sternförmiges »Store and Forward Message Switching System« mit zwei Schaltzentralen[12] (Operating Center). Mit diesen Schaltzentralen sind die teilnehmenden Banken durch die so genannten regionalen Konzentratoren (Regional Processing Centres)[13] des jeweiligen Mitgliedslandes verbunden.

Die Konzentratoren sind ihrerseits über private, internationale, angemietete Standleitungen (Full-Duplex-Leitungen) mit den Schaltzentralen in Amsterdam (Niederlande) und Culpepper (USA)[14] verbunden. Die einzelnen Banken errichten eigenverantwortlich die Verbindung zu ihrem regionalen Konzentrator via Standleitung.

Die erwähnte Speicher- und Wiedergabestruktur des Systems bietet hinsichtlich der Hauptfunktion desselben, der Übermittlung von Finanznachrichten, einige Vorteile gegenüber direkten Leitungsverbindungen unter den Teilnehmern. Diese Vorteile sind:

1. Unabhängigkeit des Senders von der Betriebsbereitschaft des Empfängers

2. Kommunikation zwischen unterschiedlichen Anschluss-/Endgeräten

3. die Möglichkeit, Geschwindigkeit, Formate und Codes umzuwandeln und zu verändern

---

[12] [Roßnagel/Wedde Hammer et. al. 2002] S.95

[13] [Schlenkrämer 1987] S.25

[14] [Roßnagel/Wedde Hammer et. al. 2002] S.95

3.3.2 Operating Center

Die Operating Centers sind die zentralen Recheneinheiten. Sie sind als Doppelsysteme implementiert. Eines der Systeme ist permanent im „stand-by", damit es bei Ausfall des ersten Systems die Verarbeitung übernehmen kann. Die wesentlichen Funktionen des Operating Centers sind:[15]

- Nachrichtenempfang und Senden einer Empfangsbestätigung

- Prüfung auf Richtigkeit des Nachrichten-Typs und -Textes; fehlerhaft übermittelte Nachrichten werden mit einer Fehlermeldung zurückgewiesen

- Nachrichtenspeicherung, bis die Leitung zum Empfänger frei ist

- Absenden der Nachricht an den Empfänger

- Langzeitspeicherung der Nachricht, dies ist bis zu 10 Tage möglich

- Wiederauffinden von Nachrichten

- ständige Kontrolle der Funktionsfähigkeit des Nachrichtennetzes

- Sicherheitsverfahren sowohl gegen Übertragungfehler als auch gegen Betrugsversuche

Die Operating Centers sind also die Knotenpunkte des Systems, in denen die von den Konzentratoren übermittelten Nachrichten empfangen, bearbeitet, gespeichert und an andere Konzentratoren weitergeleitet werden. Bei Komplettausfall eines Operating Centers kann, so S.W.I.F.T. das verbliebene die Funktion des ausgefallenen komplett übernehmen. Für diese Übernahme der Funktion nennt S.W.I.F.T. einen benötigten Zeitrahmen von 2 Stunden in denen dann aber auch das intakte Operating Center nicht arbeiten kann. Allerdings genügen bereits 2 Stunden Ausfallzeit, um massive finanzielle Schäden zu verursachen. Zudem kann nicht ausgeschlossen werden, dass Nachrichten komplett verloren gehen.

3.3.3 Konzentratoren

Die Konzentratoren stellen das Bindeglied zwischen den Endgeräten der teilnehmenden Banken und den Operating Centers dar. Sie haben folgende Aufgaben zu erfüllen:[16]

---

[15][Loh 1983] S. 61

[16][Loh 1983] S. 64

- Konzentrationsfunktion: Zusammenfassung der von den Banken eingehenden Leitungen auf eine Leitung zu den Rechenzentren und umgekehrt
- Geschwindigkeitspufferung der eingehenden Leitungen
- Codeübersetzung der von den Banken im EBCDIC[17] gesendeten Nachrichten in den ISO-7-bit-Code des internen Netzes
- Leitungsprozedurumwandlung

Soll von einer Bank nun eine Nachricht verschickt werden, so wird über den Terminal beim Konzentrator angefragt, ob dieser empfangsbereit ist. Stehen Kapazitäten zur Verfügung wird vom Konzentrator eine positive Antwort geschickt und die Nachricht in Empfang genommen. Anderenfalls wird eine negative Antwort geschickt und die Anfrage im so genannten Contention Protocol des Konzentrators registriert, welcher dann die Nachrichten in der „Warteschleife" in der Reihenfolge ihres Eintreffens abarbeitet. Der Konzentrator leitet die Nachrichten lediglich weiter, die Bearbeitung erfolgt wie bereits erwähnt in den Operating Centers.

4 Sicherheitsrelevante Aspekte

4.1 Sicherheitsvorkehrungen

Bereits in der Planungsphase wurde den Sicherheitsaspekten des Systems ein hoher Stellenwert zugeschrieben. Ziel war es nicht nur, Übertragungsfehler weitgehend zu vermeiden, sondern auch und dies ganz besonders die innerhalb des System be- und verarbeiteten Nachrichten vor unbefugten Zugriffen zu schützen. Abgesehen von den Standardsicherheitsmaßnahmen, wie Zutrittskontrolle zu und Überwachung von den Computerräumen, Überwachung der Luftfeuchte und -sauberkeit, et cetera, die sowohl von den Banken als auch von S.W.I.F.T. zu befolgen sind, gibt es noch zusätzlich ins System integrierte Mechanismen:[18]

---

[17]Extended Binary Code - Decimal Interchange Code

[18][Lck 1983] S. 12f

Log-in-Prozedur Die Log-in-Prozedur ist notwendig um einen Terminal sende- oder empfangsbereit zu machen. Hierzu muss der korrekte Authorisierungscode und die Identität des Terminals eingegeben werden. Die Log-in-Prozedur soll also vor unbefugtem Zugriff auf die Terminalsteuerung schützen.

Input-Sequence-Number (ISN) Jede S.W.I.F.T.-Nachricht muss von der sendenden Bank mit einer ISN ausgestattet werden. Das System prüft diese Nummer, um sicherzustellen, dass die vorgeschriebene Nummernreihenfolge eingehalten wurde. Ist dies nicht der Fall wird die Nachricht abgewiesen und nicht weitergeleitet.

Output-Sequence-Number (OSN) In gleicher Weise erhält jede ausgelieferte Nachricht eine OSN vom System. Die Bank muss prüfen, ob die Nummer korrekt und in der Nummernfolge ist. Erhält eine Bank eine Nachricht außerhalb der Nummernfolge, so muss sie eigenverantwortlich Nachforschungen zu der fehlenden Nachricht anstellen und versuchen den Sachverhalt aufzuklären. Die ISN und OSN sollen gewährleisten, dass keine Nachricht bei der Übertragung verloren geht.

Authentikator Der Authentikator ist eine automatisierte Form der Banken-Prüfzahlen für die Sicherung einer Nachricht zwischen den Banken. S.W.I.F.T. ist an dieser Prüfung nicht beteiligt, sondern hat nur eine Trägerfunktion. Es handelt sich beim Authentikator also um eine Prüfsumme mit bilateral vereinbarten Schlüsseln. Die Prüfsumme wird aus dem gesamten Nachrichtentext berechnet und eine Änderung des selben würde unmittelbar auffallen.

Verwürfelungsverfahren Zur Sicherung der internationalen Leitungen zwischen den Konzentratoren und den Operating Centers wurden am Ende jeder Leitung so genannte Verwürfelungseinheiten installiert. Diese Einheiten bilden vor dem Versenden aus jeder Nachricht arithmetische Funktionen. Auf diese Weise ergeben sich bei der Übertragung ganz unterschiedliche Zeichenfolgen. Durch Synchronisation wird beim Empfänger der vollständige Text wieder rekonstruiert. Für nicht autorisierte Personen ist diese Kommunikation nicht zu entziffern.

4.2 Risiken

Arbeitsprozesse und Dienstleistung im Sektor des Bankgewerbe sind in der Informationsgesellschaft hochgradig bis vollständig abhängig vom Funktionieren der Informations- und Kommunikationsinfrastruktur. Während der Dienstleistungsbetrieb früher annähernd ausschließlich von unmittelbarer menschlicher Arbeitsleistung und Qualifikation abhing, so führen künftig Störungen oder Ausfälle der Informations- und Kommunikationssysteme mit hoher Wahrscheinlichkeit zum völligen Erliegen jeglicher Banktätigkeit. Ein weiterer Aspekt, der das Schadenspotential anwachsen lässt, ist die Tatsache, dass Kompetenzen, die für die manuelle Bearbeitung solcher Vorgänge notwendig sind, überhaupt nicht mehr vermittelt werden. Die Bankmitarbeiter könnten den Geschäftsaufkommen ohne technische Unterstützung also weder qualitativ, noch quantitativ bewältigen. Heute werden bereits rund 4,8 Billionen Euro täglich weltweit hin- und hergeschickt. Derart hohe Geldbeträge könnten natürlich niemals als Hart- oder Papiergeld tatsächlich transportiert werden, zumindest nicht in dieser kurzen Zeit, es werden natürlich nur die Informationen über Geld verschickt und die geschieht annähernd mit Lichtgeschwindigkeit. Das monopolitische Hauptmedium des Finanznachrichtentransports ist das hier besprochene Netz der S.W.I.F.T. Das Problem daran ist nicht die Monopolstellung in Bezug auf den zu entrichtenden Preis für den Nachrichtentransport[19], sondern vielmehr die völlige Abhängigkeit des internationalen Zahlungsverkehrs von diesem einen System. Aufgrund der großen Beträge und hohen Zeitsensibilität der Transaktionen würde ein Komplettausfall oder auch nur Teilausfälle oder -störungen des S.W.I.F.T. Netzes, wenn auch nur für Tage, zu extrem hohen finanziellen Schäden führen. An diesem Punkt fällt im Hinblick auf die Verletzbarkeit des Systems die Zentralisierung nega-

---

[19]Die Kunden sind wie erwähnt zu einem großen Teil selbst Gesellschafter.

tiv ins Gewicht. Durch die nur zwei zentralen Operating Centers gibt es genau zu bestimmende Angriffspunkte für eine Sabotage. Es besteht dadurch die Möglichkeit die gesamte Weltwirtschaft innerhalb kürzester Zeit in ein völliges Chaos zu stürzen. Die Frage die sich stellt, ist Folgende: Ist es beispielsweise für den internationalen Terrorismus ein lohnendes Ziel, jegliche internationale Zahlungsströme zu unterbinden um die Weltwirtschaft entscheidend zu treffen? Die Antwort auf diese Frage dürfte wohl eher negativ ausfallen. Denn auch in diesem Metier ist man auf ein funktionierendes Tranksaktionssystem angewiesen, da ansonsten auch dort die Geldströme zum Erliegen kämen.

Der zweite große negative Aspekt dieses Monopols hängt eng mit dem Terrorismus zusammen. So werden durch dieses Monopol sämtliche Daten internationaler Banktranfers zentral gesammelt und gespeichert. Das macht es Ermittlungsbehörden, wie beispielsweise dem CIA, einfach sich ein vollständiges Bild über alle internationalen Geldbewegungen auf diesem Planeten zu verschaffen. So wurden seitens der S.W.I.F.T. der CIA Zugriffe auf die sensiblen Transaktionsdaten gewährt. Dies geschah ein weiteres Mal unter dem Deckmantel der Terrorismusbekämpfung. Dem Datenschutz und insbesondere dem deutschen Bankengeheimnis wurde keine Beachtung geschenkt.

Literatur

[Loh 1983] Loh, Wolfram W.: Das S.W.I.F.T.-System. Die moderne Datenübertragung im internationalen Zahlungsverkehr.
Frankfurt am Main 1983.

[Roßnagel/Wedde/Hammer et. al. 2002] Roßnagel, Alexander; Wedde,
Peter; Hammer, Volker; Pordesch, Ulrich: Die Verletzlichkeit der 'Informationsgesellschaft'.
elektronische Fassung ³2002.
Version: provet_PB1_3-Aufl_10_a.pdf 19.11.2002
Download: http://www.provet.org/bib/f-pb-01.htm

[Schürenkrämer 1987] Schürenkrämer, Dr. Ulrich: Technologiebewertung
des internationalen Datennetzes der Kreditinstitute. S.W.I.F.T. in Prognose und Realität.
Berlin 1987.